27
Ln 14034.

ÉLOGE FUNÈBRE

DU

T. R. PÈRE MERLIN

(HECTOR–LOUIS–FRANÇOIS)

SUPÉRIEUR DE LA MAISON DES PÈRES OBLATS DE MARIE - IMMACULÉE
DE TALENCE ET CURÉ DE CETTE PAROISSE,

Prononcé le 26 Mars 1863,

Par M. l'Abbé SABATIER,

Missionnaire apostolique, Chanoine honoraire de Viviers et de Bordeaux, Professeur
et Doyen à la Faculté de Théologie de Bordeaux, Chevalier de la Légion
d'Honneur, Officier de l'Instruction publique, Correspondant
du Ministère de l'Instruction publique pour les travaux
historiques, Membre de la Société française d'Archéologie et de
l'Institut des Provinces de France, etc.

BORDEAUX,
TYPOGRAPHIE Vᶜ JUSTIN DUPUY et Cᵉ
rue Gouvion, 20.
1863

Sic nos existimet homo ut ministros Christi et dispensatores mysteriorum Dei.

Veillons à ce que l'homme nous considère comme les ministres de Jésus-Christ et les dispensateurs des mystères de Dieu.

(I. Cor. 4-1.)

Mes Frères,

Les symboles lugubres de la mort, les plaintives supplications du tombeau redisent, en ce moment, à nos âmes recueillies, l'évènement qui a plongé dans une profonde douleur, avec les fidèles de cette paroisse, tous les prêtres et tous les habitants de Bordeaux et du diocèse qui, depuis dix années, sont venus dans ce sanctuaire se prosterner aux pieds de *Notre-Dame de Rama.*

Quel est, en effet, celui qui, n'ayant eu avec le digne curé de Talence, même que des rapports accidentels et passagers, ne s'est pas senti pénétré des sentiments qui touchent de près à la vénération, témoin, comme on l'était à toute heure, des vertus qui caractérisaient en lui, et à un degré élevé, l'homme, le prêtre, le religieux et le pasteur.

Cette chaire, qui fut la sienne, pouvait-elle en ce jour rester silencieuse? Une voix ne devait-elle pas se faire entendre pour payer à sa mémoire le tribut d'affection et de respect dont elle est si digne?

C'est à l'amitié et non au talent que cette tâche a été dévolue. Mais si l'amitié a des priviléges qu'elle peut et doit appréhender, elle a aussi des ressources abondantes qui la rassurent, puisqu'elle dispose de toutes celles du cœur.

Puissent, mes Frères, les paroles que vous allez recueillir répondre à votre légitime et pieuse attente. Oh! alors, elles répondront aussi au but dont je m'inspire avec l'assistance de la grâce de Dieu et sous la protection puissante de la Vierge des douleurs.

I.

Hector-Louis-François MERLIN naquit à Vieux-Condé, diocèse de Cambrai, le 20 juillet 1808, de parents peu riches, mais vertueux.

Son père, François Merlin, eut la gloire de passer neuf mois dans les cachots de la terreur à l'époque néfaste de la révolution française, et il ne dut qu'à la chute de Robespierre de ne point porter sa tête sur l'échafaud.

Sa mère, Rose Pature, donnait à la même époque des preuves nombreuses de son dévouement à la religion et aux œuvres qu'elle inspire. Pendant qu'elle gérait les affaires et élevait les enfants d'une famille exilée, elle se plaçait, au péril de ses jours, sur la voie que parcouraient mystérieusement les prêtres, fidèles à leur bercail et à leurs devoirs, pour en protéger et en seconder le zèle.

Ces deux époux furent, comme dès le principe de leur union, cruellement éprouvés. François Merlin, frappé de cécité par un évènement non moins inattendu que déplorable, ne put voir de ses yeux les deux enfants que la providence confia à sa paternelle sollicitude.

Six ans avant sa naissance, Hector avait été précédé sur le sein maternel par une sœur qui, de ses mains innocentes, le présenta aux fonds sacrés du baptême. C'est à cette même sœur, devenue mère et veuve, que nous le verrons plus tard tendre, avec tant de dévouement pour sa famille et de profit pour l'Église, sa main fraternelle et sacerdotale.

Hector commença son instruction religieuse sur les genoux de sa pieuse mère.— Sous la double influence des leçons et des exemples, il se montra, dès ses premières années, avec des tendances à la piété. — Il aimait la prière, se plaisait à donner à ses parents des marques de son affection; son obéissance était prompte et entière, et déjà se manifestaient en lui ce respect pour la vérité, cette droiture de cœur, deux des grandes qualités qui le caractériseront. Il n'en était pas moins, alors, léger, ardent et vif.

Tout jeune, Hector fut mis à l'école du village où il fit de bien rapides progrès.

Le curé de la paroisse, qui portait à sa famille l'estime particulière qu'elle méritait à tant de titres, vint demander à sa mère si elle désirait que son fils fît sa première communion. Cette femme, non moins prudente que pieuse, s'en rapporta à la sagesse du pasteur; et l'enfant fut admis à la table sainte à l'âge de neuf ans dix mois. Hector comprit, malgré la légèreté de son âge et de son caractère, l'importance de l'acte qu'il accomplissait. A partir de cette époque, il se confessa et communia régulièrement toutes les six semaines.

Vint une année de grande disette (1), et alors Hector fréquentait une école établie à plus de trois kilomètres de la maison paternelle. Partant le matin, pour ne rentrer que le soir, il emportait avec lui son dîner et son goûter, qui consistaient dans quelques tranches de pain beurré et quelques fruits ; c'était beaucoup à ce moment.

Des enfants pauvres, qui connaissaient son bon cœur, avaient soin de le rejoindre sur la route. Il partageait avec eux ses modestes provisions et, quelquefois même, il les leur distribua entièrement.

Un de ses petits camarades lui dit un jour de se réserver au moins quelque chose. — « Bah ! répondit-il, quand je retournerai à la maison ce soir, je souperai mieux. »

Ce n'est que quelques années plus tard, quand il était séminariste, que ces traits de générosité furent connus de ses parents. Un de ceux qu'il avait le plus souvent secouru se plut à les révéler.

La pensée d'être prêtre n'avait point pris naissance dans le cœur d'Hector dès les premières années de sa jeunesse. Deux de ses cousins, alors séminaristes et plus tard excellents prêtres, venaient passer chez ses parents une partie de leurs vacances, et l'engageaient à étudier le latin pour se vouer au sacerdoce. Hector savait que ses parents étaient disposés à faire tous les sacrifices nécessaires pour faciliter ses études, mais qu'ils le laissaient entièrement

(1) 1817 ou 1818.

libre sur sa vocation. — Sa réponse était toujours : *Je ne veux pas*.

Il allait avoir quatorze ans et l'on songeait à lui faire prendre un état, lorsque, après avoir mûrement réfléchi, il dit, en présence de son père, de sa mère et de sa sœur : « Quand on est enfant, on fait des choses dont on se repent bien plus tard. » — Que veux-tu dire, lui demanda son père? — « Vous m'avez offert souvent de me faire faire mes études pour être prêtre et j'ai toujours dit non ; aujourd'hui je le désirerais et je vous promets que, si vous voulez m'aider, jamais vous n'aurez à vous en repentir. »

Le lendemain sa sœur le conduisait, en qualité d'externe, au collège de Condé, où il s'appliqua sérieusement à l'étude et devint un bon élève. Condé n'était qu'à deux kilomètres de la maison paternelle. Il partait le matin et ne revenait que le soir, comme il l'avait fait à l'époque où il fréquentait les écoles du village.

Deux ans après, mais toujours à titre d'externe, il continuait ses classes au collège de Valenciennes.

Il fit, dans cette dernière ville, la connaissance de plusieurs jeunes gens qui, comme lui, se destinaient à l'état ecclésiastique.

Écoutez, mes Frères, les paroles qu'a bien voulu nous transmettre un de ses condisciples, aujourd'hui curé d'une importante paroisse (1) :

« Sans être brillantes, les études du P. Merlin furent solides. Il était un assidu travailleur ; ses récréations, qui étaient celles d'un homme mûr, ne laissaient après elles

(1) M. Dupont, curé de Trith-Saint-Léger.

aucune de ces traces qui, trop souvent, viennent troubler le travail des collégiens. Son commerce, doux et facile, son cœur épanoui lui avaient conquis les sympathies de ses condisciples, près desquels avait trouvé grâce une vocation naissante et, à cette époque, trop souvent l'objet des railleries que les étourdis regardaient comme de bon ton. Ils l'appelaient le saint Merlin. Tous lui pardonnaient sa piété vraie et exempte des singularités qui sentent l'ostentation.

« Voilà l'ami avec lequel j'eus le bonheur de passer plusieurs années dans le commerce le plus intime. Hélas ! en réveillant ces vieux souvenirs, je me reproche d'avoir trop souvent exercé une patience que jamais ne lassèrent mes malices et mes espiègleries. »

« Le seul plaisir que je lui ai vu prendre était celui d'aller, tous les jours de congé, embrasser ses parents et sa sœur. »

Au mois d'août 1828, il se présenta, avec succès, au concours pour la philosophie et, au mois d'octobre de la même année, il était admis dans le grand séminaire de Cambrai.

Écoutez un des vicaires-généraux de Cambrai (1) exprimant les souvenirs laissés par le P. Merlin dans le grand séminaire :

« Durant le temps de son séminaire, il se distingua par son application à l'étude, sa docilité, sa régularité et sa piété. »

Ces paroles sont une solennelle confirmation de celles dont l'honorable prêtre qui, après avoir été son condis-

---

(1) M. Philippe.

ciple au collége, se retrouvait plus tard avec lui sur les bancs de la théologie.

« Je retrouvai, ajoute-t-il, au grand séminaire, le P. Merlin, toujours pieux, simple et modèle d'application et de régularité. Là, comme au collége, il attirait à lui par une gaieté aimable et un certain *venez à moi* qui lui gagnaient les cœurs. »

Le 12 août 1832, après quatre années d'études ecclésiastiques, il était ordonné prêtre (1).

Rappelons en ce moment à nos souvenirs les promesses que le jeune Hector, à l'âge de 14 ans, faisait à sa famille : — « Je vous promets que si vous voulez m'aider à faire mes études pour être prêtre, jamais vous n'aurez à vous en repentir. »

Non! non! prêtre vénérable, votre famille n'a point eu à se repentir des sacrifices qu'elle s'imposa pour vous faciliter la voie qui devait vous conduire jusque dans le sanctuaire! Que ne vous doit-elle pas? Vous l'avez honorée, glorifiée! Bientôt vont éclater à nos yeux les services signalés que vous avez, par vous et par tous les membres qui la composent, rendus à l'Église de Jésus-Christ.

II

Au moment où l'abbé Merlin franchissait les barrières du sanctuaire, il appréciait à leur juste valeur les obliga-

---

(1) Il avait reçu la tonsure le 13 juin 1829. — Les ordres mineurs le 5 juin 1830. — Le sous-diaconat le 28 mai 1831, et le diaconat le 17 septembre de la même année.

tions qu'il acceptait, et il sentait dans son cœur, vivante et généreuse, la résolution d'y être fidèle.

Il savait donc que le prêtre doit être homme de zèle et de dévouement, homme désintéressé, foulant d'un pied dédaigneux la terre, et au milieu de toutes les épreuves, comme de tous les sacrifices, regardant toujours au ciel et ne voulant, comme saint Paul, que Jésus-Christ pour récompense.

Alors seulement le prêtre honore son ministère, et de plus le fait honorer et respecter par les peuples ; alors seulement il a le droit de faire entendre les nobles paroles du grand apôtre : *Sic nos existimet homo ut ministros Christi et dispensatores mysteriorum Dei.*

C'est dans les rangs de ces prêtres, jaloux par dessus tout de l'honneur et des succès de leur ministère, que l'abbé Merlin se plaça, pour s'y maintenir toujours, au début même de sa carrière sacerdotale.

Que fut, en effet, l'abbé Merlin dans les postes nombreux qui, dans le cours de 19 ans, furent successivement confiés à son zèle restaurateur ? (1) Je laisse d'abord parler l'administration ecclésiastique, par l'organe du grand-vicaire que nous avons déjà interrogé.

« La mémoire du P. Merlin est pour tous ceux qui l'ont connu, un doux parfum qui rappelle la bonne odeur de Jésus-Christ, que portait partout ce digne prêtre.

« Partout il a donné des preuves frappantes d'une régularité exemplaire, d'un zèle ardent, d'une compassion

---

(1) Il fut nommé vicaire de la paroisse de Saint-Nicolas, à Valenciennes, après son ordination ; curé de Mazinghien, le 16 septembre 1833 ; de Saint-Vaast, en Cambrésis, en 1836 ; de Wasquehal, le 30 juin 1839 ; de Raismes, le 17 septembre 1847.

touchante, d'une rare charité, vertus admirables qui constituaient le fond de son caractère. »

Le Père Merlin était donc alors, mes Frères, ce que nous l'avons vu pendant les dix dernières années de sa vie. — Ah! au risque de quelques répétitions que votre cœur ne repoussera pas, laissez-moi interroger quelques-uns des témoins de son activité sacerdotale et des fruits nombreux et bénis de son ministère.

Aussitôt après son ordination, l'abbé Merlin est nommé vicaire d'une des paroisses de Valenciennes. — Voici en quels termes parle de son zèle et de sa piété l'ecclésiastique qui, ordonné en même temps que lui, reçut la même mission, et avec lequel il partagea de plus, pendant un an, les fonctions d'aumônier du Collége et de l'Hôpital (1) :

« Le choléra avait sévi en 1832, à Valenciennes comme dans beaucoup de localités du diocèse. Nous eûmes encore quelques cas après notre arrivée. La santé de M. Merlin n'en souffrit pas ; mais plus tard, visitant des soldats attaqués d'une maladie contagieuse, il fut lui-même atteint ; ce qui lui donna l'occasion de faire preuve de patience, de résignation et d'abandon à la volonté de Dieu. »

Désireux d'assurer par tous les moyens, inspirés par la piété, la conservation de l'esprit du Séminaire, les deux jeunes vicaires veulent en continuer la vie de communauté. — L'abbé Merlin est le règlementaire ; il donne le signal du réveil dès cinq heures du matin, préside à la prière et à la méditation, détermine le temps de l'étude. Les repas sont à heure fixe, heure du Séminaire, ordinaire du Séminaire. Ils vivent comme deux religieux.

(1) M. l'abbé Lefebvre, aujourd'hui curé de Lallaing.

« Quelle confiance mutuelle, ajoute ce digne ecclésiastique ! Quelle cordialité ! Quelle joie dans nos rapports ! Je ne pense pas qu'il y ait jamais eu un nuage pendant un an. Ces jours, si heureux pour moi, furent trop courts. »

Après un an de vicariat, l'abbé Merlin fut nommé curé de Mazeinghien. Ce poste était depuis peu de temps érigé en cure. Il fallait pourvoir l'église des objets nécessaires au culte, et approprier le presbytère à sa destination. De plus, c'est au milieu d'une population, ou impie ou indifférente, qu'il allait se trouver.

La tâche était difficile ; mais elle ne fut point au-dessus du dévouement sans bornes et de la piété solide du pasteur. Les difficultés surgirent, mais ne purent le décourager. — Je laisse parler un des témoins édifiés de ses œuvres (1) :

« A peine fût-il arrivé, qu'il entreprit courageusement l'œuvre de son apostolat ; rien ne fut négligé : prédications fréquentes, instructions familières, mais solides ; catéchismes, où tous, grands et petits, pouvaient trouver leur profit. — Sa vie était simple, frugale, modeste ; il faisait ses délices de la prière. — Sa piété, grave et douce tout à la fois, rendait son commerce utile et agréable. — Que dire de sa charité, sinon qu'elle se faisait tout à tous, et qu'il l'exerçait, envers les pauvres, de manière à se priver du nécessaire.

» Tant de désintéressement, d'abnégation, de zèle et de piété, firent une heureuse impression sur beaucoup de fidèles ; les conversions furent nombreuses, même parmi

---

(1) Madame veuve Desse, née Lefebvre.

les plus endurcis. D'autres, au contraire, ne purent supporter tant de vertus qui les condamnaient; aussi, lui firent-ils une désolante opposition à laquelle il ne répondit jamais que par la douceur et la charité les plus grandes, jointes à la fermeté et à la persévérance que le devoir inspire.

. . . .

» Certes, si je voulais redire toutes les vertus et tous les actes de ce bon pasteur, je ne tarirais point; car, tous ses instants ont été pleins parmi nous, et sa vie m'a toujours paru être une image fidèle des Saints que l'Église nous propose pour modèles.

» Après dix ans et demi environ d'un ministère aussi pénible et aussi glorieux, l'abbé Merlin fut appelé à la direction d'une paroisse plus importante; mais il ne quitta Mazinghien qu'après avoir remis l'église et le presbytère en bon ordre, applani toutes les difficultés d'administration religieuse et y avoir ramené la foi et la religion dans le cœur de la majorité de ses paroissiens, dont la plupart le regrettèrent sincèrement et le regrettent encore aujourd'hui. »

Transféré de la paroisse de Mazinghien dans celle de Saint-Vaast, il continue sur ce nouveau théâtre de son zèle sa vie de vigilant et tendre pasteur. — Trois ans après, nous le trouvons à la tête de la paroisse de Wasquehal où éclatent, sous un jour également abondant, les vertus qui le caractérisaient.

« Que ne m'est-il possible, écrit une vénérable religieuse (1), de redire tout le bien qu'a fait le bon Père que

(1) Sœur Marie Droulers Aimée.

nous pleurons et que nous regrettons à si juste titre! — Que ne puis-je démontrer avec quel zèle il a travaillé à cette portion de la vigne du Seigneur confiée à sa sollicitude !

» Dévoré par une ardeur indicible de procurer la gloire du divin maître, ce bon père exerça à Wasquehal les fonctions du saint ministère d'une manière aussi édifiante qu'admirable.

» Grâce à ses soins, la paroisse entière fut bientôt régénérée et la religion, quelque peu chancelante à cause des infirmités de son prédécesseur, reprit une nouvelle vigueur. — Bientôt le temple saint se repeupla, et les sacrements furent fréquentés.

» Aucun sacrifice ne coûtait à ce bon Père. — La gloire de Dieu et le salut des âmes étaient les grands motifs qui le faisaient agir, et son zèle savait applanir les obstacles, surmonter les difficultés. — Sa tendre charité lui ouvrait tous les cœurs ; il était l'ami du riche qui se trouvait heureux de déposer, dans ses mains, les aumônes qu'il distribuait à ses chers pauvres, qui tous le regardaient comme leur protecteur et leur père.

» C'était une véritable fête de famille quand ce bon Père honorait de sa visite quelqu'un de ses chers paroissiens ; mais son temps si précieux il le consacrait surtout à ceux de ses enfants bien aimés qui éprouvaient quelque peine. Il n'y eût aucune douleur qu'il n'ait partagée, aucune souffrance qu'il n'ait soulagée ; et avec quelle tendresse indicible il visitait, presque chaque jour, ses malades !

» Le dévouement de ce bon Père se manifestait toutes les fois qu'il en trouvait l'occasion ; et j'ai connu un grand nombre de personnes qui lui devaient la résignation et la patience dans les plus grandes peines de la vie. — On se sentait soulagé lorsqu'on lui avait confié ses peines. — A l'exemple du divin Sauveur, il attirait tous les cœurs par sa bonté et sa grande piété ; je ne cesserai jamais de remercier Dieu de l'avoir donné pour père à la paroisse de Wasquehal. »

Vous comprendrez aisément, mes Frères, qu'il n'est pas une seule des paroles que vous venez d'entendre qui n'ouvrit à mon cœur une voie qu'il serait heureux de parcourir ; mais le ministère que je remplis m'impose des limites que je dois respecter, et que je ne respecte qu'à regret.

L'abbé Merlin fut un des premiers curés qui, dans le diocèse de Cambrai, appelèrent les religieux à leur aide ; et la mission qu'il fit donner à Wasquehal par les PP. Rédemptoristes, eut les résultats les plus consolants.

Après huit ans de séjour dans cette paroisse, ce digne pasteur dut prendre possession de celle beaucoup plus importante encore de Raismes.

Sur ce nouveau théâtre de son sacerdoce, même activité, mêmes vertus, mêmes difficultés, mêmes succès. Aussi les souvenirs, qu'il y a laissés, n'ont point faibli dans la mémoire et dans le cœur de ses anciens paroissiens. Nous savons qu'il s'était fait des amis de tous. Mais ses prédilections, là comme partout où il a porté ses pas d'apôtre, étaient pour les pauvres.

Combien j'aime à vous le montrer portant à une pauvre vieille des images qu'il suspend à la cheminée, après les avoir encadrées de ses propres mains ; et berçant, pour le consoler, un enfant qui pleure.

A son arrivée, il trouvait les esprits divisés, et par son tact et sa prudence il sut, tout en ménageant les amours-propres, amener une réconciliation. A son départ, il n'existait plus de trace de ces longues et fâcheuses divisions.

Il avait conçu le projet de l'établissement d'une école tenue par les Frères de la Doctrine Chrétienne. Il partit avec le regret de n'avoir pu le réaliser ; mais la voie tracée devait être suivie et le bon grain, jeté en terre, devait fructifier. Raismes possède aujourd'hui une école dirigée par quatre Frères.

On aime à redire encore, dans cette paroisse, l'héroïque charité avec laquelle il se dévoua, en 1849, aux victimes du choléra.

Ces détails nous ont été fournis par un des plus notables habitants de Raismes (1). Le premier magistrat de cette cité importante termine sa lettre par ces paroles que je livre à vos méditations, tant elles sont profondes de sagesse, et tant elles rendent admirablement le caractère particulier des vertus du P. Merlin.

« Le P. Merlin, comme un bon père, a passé à Raismes en faisant le bien ; mais sa grande humilité craignait l'éclat, et ses vertus de tous les jours, vertus toutes sacerdotales, ne peuvent guère se raconter. »

Quel ne dut pas être le bonheur de son père et de sa mère en le voyant, entouré de l'estime de tous, travailler avec tant d'énergie et de succès à la gloire de Dieu et à la sanctification des âmes.

Ah! mes Frères, je me trompe! Ce bonheur leur fut

---

(1) M. Leroy.

refusé. — L'abbé Merlin était encore au Séminaire, lorsque la mort vint lui ravir l'un et l'autre. (1)

Ce n'est point la seule épreuve à laquelle Dieu soumit son cœur si bon, si tendre. Pendant qu'il était encore à Saint-Vaast, sa sœur bien-aimée devenait veuve avec six enfants dont l'aîné avait treize ans.

Avec l'assentiment de ses supérieurs, il adopta toute cette famille. — Secondé dans cette œuvre de miséricorde par deux prêtres de ses amis et par une famille chrétienne qui offrirent chacun leur toit hospitalier à un orphelin, il recueillit chez lui la veuve et ses trois autres enfants.

L'aîné des garçons fut bientôt après reçu au Petit-Séminaire de Cambrai; les autres, grâce à ses économies et sans qu'il diminuât sa générosité envers les pauvres, grâce aussi à d'autres libéralités, firent leurs études. — La plus jeune de ses filles d'adoption mourut bientôt, et il la pleura, comme le plus tendre des pères pleure sa fille unique.

L'abbé Merlin eut la consolation de voir ses enfants d'adoption profiter de ses exemples et de ses leçons. Un seul d'entre eux donna un instant quelques inquiétudes, et c'était celui qui avait les plus heureuses dispositions pour l'étude; mais il fut converti, à l'âge de 25 ans, par un sermon de son oncle sur le signe de la *Croix*. Il est aujourd'hui prêtre missionnaire dans le Canada (2). Un autre de ses neveux est également religieux Oblat à Ceylan (3);

(1) Sa mère, en 1830, et son père, en 1831.
(2) Hector Maurois.
(3) Léon Maurois.

un troisième, l'aîné de tous, est prêtre séculier (1). La fille est religieuse (2).

L'avenir de ses trois neveux et de sa nièce était fixé. Alors, docile à la voix de la grâce, il quitte sa cure de Raismes pour se faire religieux, réalisant ainsi un vœu depuis longtemps nourri par son cœur.

Plus tard, il attirera près de lui le plus jeune de ses neveux, resté dans le monde. Aujourd'hui religieux aussi dans l'Institut des Oblats, et plus heureux que ses frères, il a pu recueillir le dernier soupir de cet oncle vénéré, qui fut pour eux tous le plus affectueux et le plus dévoué des pères. (3)

Quel touchant spectacle, mes Frères, nous offre cette famille exceptionnelle ! Qu'elle est grande sa gloire aux yeux de la religion et de l'humanité ! Qui pourrait dire tout le bien qui a été opéré et qui est encore opéré par ses membres, si évidemment choisis de Dieu pour travailler à sa gloire ?

Pendant qu'unissant sa prière à celle de sa sainte mère, une vierge consacrée à J.-C. élève ses mains suppliantes vers le Ciel pour attirer les bénédictions de Dieu sur ses frères qui combattent les saints combats; les frères remplissent avec fruit le ministère sacré, et l'efficacité de leur zèle s'étend aux deux hémisphères.

A qui revient, après Dieu, cette gloire, sinon unique, du moins bien rare ? A celui qui puisa dans son cœur, si fécond en générosité, le dévouement et la sagesse qui ont produit d'aussi surprenants résultats.

(1) Evrard Mauroit.
(2) Marie Mauroit, religieuse de la Sainte-Union.
(3) Mansuet Mauroit.

Digne prêtre, dont la mémoire m'inspire en ce moment, votre modestie vous a caché tout le bien que vous faisiez ; mais le Ciel a inscrit vos œuvres dans le livre d'éternelle vie. — Leur souvenir restera gravé dans le cœur de tous ceux qui en furent les témoins édifiés. Pour tous, vous avez été le prêtre digne ministre de J.-C., et fidèle dispensateur des mystères de Dieu. *Sic nos existimet homo ut ministros Christi, et dispensatores mysteriorum Dei.*

Oui, mes Frères, tel a été le Père Merlin pendant les dix-neuf années qu'il a consacrées jusqu'ici au ministère paroissial, tel nous allons le retrouver dans les conditions faites à son âme ardente et généreuse par les liens nouveaux qu'il s'impose.

III.

A l'âme du Père Merlin, il fallait une vie d'abnégation complète. La Congrégation, qui lui parut répondre à ses vœux fut celle dans laquelle deux de ses neveux l'avaient déjà précédé.

L'abbé Merlin entra au Noviciat de Notre-Dame-de-Lozier, le 1er février 1851, âgé de quarante-trois ans. — On remarqua qu'au moment où il prononçait la formule prescrite et déclarait solennellement qu'il commençait son noviciat, des larmes abondantes dirent à tous et la sincérité et l'étendue du sacrifice qu'il avait fait en quittant ses paroissiens, sa famille et ses amis ; ce fut le dernier cri du cœur.

Dieu ne tarda pas à éprouver son serviteur. — Une

douloureuse maladie le tint longtemps cloué sur un lit de souffrance ; et les novices qui le soignaient, comme tous ceux qui le visitaient, n'étaient pas moins étonnés de l'énergie du patient, qu'édifiés de la résignation du chrétien.

On comprit, dès les premiers jours, que toutes les probations étaient faites. — Le prêtre avait vécu en religieux avant d'être en religion. Aussi, les premiers supérieurs obtinrent-ils du Souverain-Pontife que son noviciat fût abrégé de quatre mois. — Le R. P. Merlin prononça ses vœux le 5 octobre 1851, et le même jour il était nommé Supérieur de la Maison de Nancy, où pendant deux ans il dirigea et prêcha des missions en Lorraine.

Depuis 1836 on a vu, avec une bien consolante édification, se former et s'accroître, dans le diocèse de Bordeaux, comme un bataillon sacré de prêtres voués, sous les drapeaux de la vie religieuses, aux labeurs du ministère évangélique. Les RR. PP. *Oblats de Marie-Immaculée* vinrent, à leur tour, prendre rang dans cette sainte milice. (1)

Leurs constitutions réclamaient un sanctuaire consacré à la divine Reine du Ciel et de la terre. L'antique pèlerinage de Verdelais était confié à le garde des RR. PP. Maristes, que Lyon, la cité par excellence de la foi et de la piété, avait vu naître de son sein inépuisable en œuvres catholiques.

Mais il y avait encore, aux portes mêmes de Bordeaux, un autre sanctuaire où Marie recevait les hommages et les prières de nombreux pèlerins.

Ce pèlerinage, que les fidèles aimaient à faire depuis des siècles nombreux, avait survécu à tous les ravages

---

(1) Les RR. PP. Oblats arrivés dans le diocèse en 1851 ne prirent possession de Talence qu'en 1853.

occasionnés successivement par les guerres politiques ou religieuses; avait traversé la tempête plus récente qui agita si violemment l'Eglise de France.

La vierge vénérée avait été pieusement soustraite aux profanations de l'impiété et, aux jours de calme et de paix, elle apparut de nouveau dans son modeste temple.

Un pasteur actif (1) éleva, avec la précipitation à laquelle le zèle échappait rarement à cette époque, un nouveau sanctuaire à l'auguste Vierge; mais bientôt la prudence en fit abandonner l'enceinte menaçante. Combien parmi vous se rappellent encore le pauvre réduit en planches dans lequel, pendant de nombreuses années, s'accomplirent les fonctions sacrées du culte, dans lequel la Reine des cieux et de la terre tenait sa cour.

A ce pasteur, encore vivant dans vos souvenirs, en succéda un autre dont vous avez voulu perpétuer la mémoire, justement honorée, en donnant son nom à une de vos nouvelles voies (2).

C'est à lui, c'est à sa sollicitude constante, à son zèle généreux, qu'on a dû l'édifice sacré qui nous réunit. Pourquoi faut-il que ceux qui en conçurent le plan n'aient pas été assez convaincus à l'avance de sa future et prochaine insuffisance?

Les exigences du culte, grandissant à mesure que s'élevait le chiffre des pèlerins, ne tardèrent pas à dépasser les limites du zèle d'un seul prêtre, quelque actif et intelligent qu'il pût être.

Le digne pasteur dut donc à regret s'éloigner de cette

---

(1) M. Ripolles.
(2) M. l'abbé Carros.

église qui lui avait coûté tant de sollicitudes. — Docile à la voix de son évêque, il se rend dans un poste, hiérarchiquement plus élevé (1), que sa santé, déjà chancelante et faiblissant chaque jour, ne lui permet pas de conserver longtemps.

Il prend sa retraite et, obéissant à une pensée chère à son cœur, non moins chère au cœur de ses anciens paroissiens, il veut mourir comme en face de cette église, l'objet du plus cher souvenir de sa vie pastorale.

J'avais connu intimement ce digne confrère et je l'avais apprécié, comme il était digne de l'être; — aussi, fût-ce un bonheur pour moi de pouvoir payer à sa mémoire, du haut de cette même chaire et devant sa dépouille mortelle, le tribut de mes respectueux et affectueux souvenirs.

Les Pères Oblats s'établirent alors comme les gardes d'honneur de Notre-Dame de Talence. Le presbytère élargi devint comme un monastère où, dans le silence du recueillement et dans les labeurs de l'étude, plusieurs de ces religieux prépareraient leurs armes pour les luttes évangéliques, qu'avec tant de zèle et d'édification ils soutiennent au sein de nos campagnes; pendant que quelques autres, sentinelles permanentes près de la divine mère de Jésus-Christ, resteraient fixés aux pieds de son autel pour répondre aux épanchements de sa tendresse maternelle et aux supplications de ses enfants.

A cette communauté il fallait un supérieur, à cette paroisse un pasteur.

Dieu réservait, pour l'accomplissement de cette double

---

(1) La cure de Langon.

mission, une de ces âmes d'élite aux sentiments les plus nobles et les plus élevés, un prêtre aux vertus les plus pures, au dévouement le plus généreux, un religieux à l'abnégation la plus grande, à la fidélité sans réserve aux devoirs de son Institut.

Le Père Merlin quittait la maison de Nancy, et l'obéissance le faisait arriver au milieu de nous.

Ne fut-il pas en effet comme la Providence de ce sanctuaire par les soins avec lesquels il l'a embelli? N'est-ce pas à son zèle intelligent et ferme que l'on doit les améliorations si bien conçues, dont le presbytère a été successivement l'objet?

Laissez-moi, mes Révérends Pères, arracher à votre solitude un de ses secrets :

Quand le Père Merlin vint au milieu de vous, le presbytère n'avait pas encore été disposé pour recevoir une communauté. Il s'ensuivait que l'appartement du supérieur ne laissait rien à désirer, tandis que plusieurs d'entre vous en souffraient sans se plaindre.

« Mes Pères et mes Frères, vous dit-il en s'en apercevant, je ne saurais pas reposer dans cet appartement tant que vous serez aussi mal logés. Si un de nous doit souffrir, c'est moi, et si plusieurs y sont condamnés, je dois être du nombre. — La souffrance et la tristesse doivent au moins être partagées comme le bien-être et la joie. »

Le lendemain sa chambre était partagée en quatre cellules.

Combien j'aimerais à le suivre dans vos relations intimes qu'il rendait si douces et si faciles ! Combien j'aimerais à vous rappeler sa docilité qui était, envers ses supérieurs, celle d'un enfant; sa tendresse, pour ses subordonnés, qui était celle d'un père ; son empressement, qui pour vous tous était celui d'un ami. Mais d'autres vertus me convient. J'ai, avant tout, à parler du pasteur.

Un des caractères du bon pasteur est de connaître ses brebis et cette connaissance doit, autant que possible, porter sur le caractère, les inclinations, la trempe d'esprit, la vertu et les défauts de chacune d'elles.

Comme l'apôtre, le bon pasteur est *tout à tous*, non par basse complaisance, mais par une véritable condescendance pour les gagner tous à Dieu. Il se met, sans se rabaisser, à la portée de chacun; sa gravité n'a rien de rebutant et sa gaieté n'est point la pétulance; sa douceur ne dégénère point en faiblesse, ni sa sévérité en dureté, ni son affabilité en familiarité, ni sa réserve en dissimulation, ni sa prudence en finesse, ni sa franchise en indiscrétion.

Un bon pasteur, au milieu de son troupeau, est un père au milieu de ses enfants, qui leur prodigue sa tendresse avec dignité et s'attire, tout à la fois, leur respect et leur amour.

A la suite de son chef, qui est J.-C., le bon pasteur donne sa vie pour son troupeau. Ce sacrifice constant de tous les instants, de toutes les facultés, est bien moins glorieux sans doute que le sacrifice prompt et éclatant de ses jours; mais n'est-il pas plus difficile, plus pénible, plus méritoire peut-être?

Vit-on jamais, mes Frères, réunis avec plus de perfection qu'ils ne le furent dans le Père Merlin, les traits sous lesquels je viens de vous dépeindre le bon pasteur.

L'a-t-on surpris une seule fois plus bienveillant, plus

accueillant pour le riche que pour le pauvre ? — Sa paternelle, calme et bonne figure n'offrait-elle pas toujours et à tous la même expression d'intérêt affectueux et de pure gaieté ? — N'est-il pas à trouver encore celui qui a surpris sur ses lèvres une seule parole capable d'ajouter au poids d'une peine ou aux anxiétés d'une alarme ? Qui pourrait, au contraire, compter tous ceux que sa parole, toujours bienveillante, affectueuse et sage a consolés ou éclairés ?

Qu'il est pour moi éloquent et élogieux, ce mot que j'ai recueilli de la bouche d'un de ses plus pauvres paroissiens : — « Il me faisait tant de bien au cœur quand il me regardait. »

Comme on aime à se rappeler ce pasteur vigilant, répondant au premier cri plaintif de la brebis qui s'égare ou qui s'alarme.

Tribunal sacré où tant de milliers de fidèles sont venus chercher, ou le raffermissement dans le repentir, ou la lumière dans le doute, ou la consolation dans la peine, ou un adoucissement à la douleur, parlez ! Révélez-nous les secrets que vous avez mystérieusement recueillis !

Ces secrets sont descendus dans la tombe avec la froide dépouille de celui qui en fut le dépositaire sacré ; mais ils en sortiront un jour pour la gloire de ce serviteur fidèle dont ils enrichiront l'impérissable couronne.

Tout semblait présager au Père Merlin une vieillesse prolongée et active. Rien dans sa vigoureuse et harmonieuse constitution accusait le germe d'un mal qui put même contrarier ces espérances ; lorsqu'il y a trois ans environ, quelques symptômes inquiétants vinrent ébranler cette douce sécurité. Le mal, en se manifestant, déjoua toutes les ressources de l'art ; et les soins les plus intelligents ne purent qu'en ralentir la marche inexorable.

Bientôt, tout lendemain fut incertain, et cette incertitude était partagée par le Père Merlin, qui l'accepta avec la résignation la plus calme et la plus complète. — Des limites furent imposées à son zèle ; la chaire lui fut interdite; mais il put continuer à occuper le tribunal sacré et à y passer encore toutes les heures que laissaient à sa liberté et les obligations du prêtre et les devoirs du religieux.

Ce digne prêtre ne pouvait donc pas se promettre à la première heure d'une journée qu'il la finirait sur cette terre, et au commencement de son repos, qu'il ouvrirait encore une fois les yeux à la lumière du soleil ; et cependant, toujours la même douceur, la même gaieté, le même abandon dans la conversation ; toujours la même attention dans l'accomplissement de chacun de ses devoirs.

Enfin, l'heure fatale dont le coup avant-coureur retentissait depuis si longtemps à son oreille résignée arrive.

Le 23 février 1863, à huit heures du soir, le Père Merlin prenait la récréation avec ses Frères ; à neuf heures, il faisait avec eux la prière.

Depuis une heure, le silence le plus profond régnait dans le presbytère. — Un bruit, partant de la chambre du Supérieur, attire l'attention vigilante et craintive d'un frère. — Il court ; — plus de doute, — l'heure suprême a sonné !

Les Pères accourent à la hâte; la main de l'un d'eux s'élève sur la tête du cher et vénérable mourant qui recueille une dernière fois la sentence du pardon et de l'espérance; on lui donne le sacrement de l'extrême-onction et on lui applique l'indulgence à l'article de la mort.

Pendant qu'on lui administre les sacrements, il jette, sur ses frères qui l'entourent, plusieurs regards doux et pieux qui disent qu'il est en communion de pensées avec eux. Puis il laisse retomber ses paupières comme pour ajouter à son recueillement.

Les Pères silencieux autour de sa couche croient qu'il respire encore, tant il a passé avec douceur.

Ainsi, mes Frères, s'est endormi dans la paix du Seigneur, le T. R. P. Merlin, à l'âge de cinquante-quatre ans et sept mois, et après avoir passé en religion onze ans et cinq mois.

Nul doute qu'il ne soit entré en possession de la gloire promise par le souverain prêtre, à ceux des enfants des hommes qui ont été, au sein de l'Eglise militante, les dignes représentants de son autorité divine et les dispensateurs zélés des mystères de sa sagesse et de sa miséricorde.

Mais que cette sécurité, si douce pour notre cœur, ne nous fasse pas méconnaître les exigences mystérieuses de la justice de Dieu et les conditions d'une purification complète.

Prions, mes Frères, et prions encore! *Requiem œternam dona ei Domine et lux perpetua luceat ei.*

Tel est, mes Frères, le prêtre dont j'avais à vous exposer la vie bénie de Dieu et honorée des hommes. — Pourrai-je douter de l'accueil bienveillant fait par votre cœur aux paroles inspirées par le mien.

Ne l'ai-je point dépeint, mes RR. Pères, tel que vous l'avez connu dans les rapports de chaque instant créés par les bienfaits de la vie commune? Ne l'avez-vous pas toujours vu marchant à votre tête dans la voie tracée par votre sainte vocation ? N'avez-vous pas constamment admiré avec édification, la sollicitude délicate avec laquelle il cherchait à rendre votre obéissance facile et douce? — Il vous commandait avec son cœur, et vous obéissiez avec amour ; aussi, rien ne venait troubler dans votre silencieuse retraite les suaves harmonies de la sainte liberté des enfants de Dieu.

Ne l'avez-vous pas reconnu, fidèles de la paroisse de Talence, vous qu'il aima d'une si tendre affection ? Ah ! comment pourrai-je en douter ! Je vous vois encore arrosant de vos larmes la voie parcourue par le lugubre cortége ; j'entends encore vos sanglots qui, comme un écho, prolongeaient les chants qui venaient de finir, au moment où sa dépouille mortelle prenait sur la terre possession de sa dernière et sombre demeure. Non ! non ! il ne périra pas parmi vous le souvenir de ce pasteur si légitimement et si tendrement aimé ! — Votre bonheur, votre devoir, seront d'en redire souvent à vos enfants et à vos petits-enfants le nom et les vertus.

Et vous chrétiens qui, étrangers à cette paroisse, êtes venus demander au cœur de ce bon prêtre des consolations, et à son zèle éclairé et prudent des règles de sage conduite ; que n'êtes-vous réunis autour de cette chaire pour répondre à mon appel ! Que de milliers de voix s'écrieraient : Oh ! non, jamais nous n'oublierons et la touchante bonté de son accueil et la haute sagesse de sa direction !

Comme vous l'eussiez reconnu à votre tour, si mes paroles avaient pu frapper vos oreilles, chrétiens des diverses paroisses dont il fut pendant dix-neuf ans le pasteur, l'apôtre, le père et le modèle.

Digne, cher et vénéré confrère, pourrai-je vous oublier moi-même ? Dix années des relations les plus intimes, m'ont fait apprécier toutes les richesses de votre intelligence, tous les trésors de votre cœur.

Vous m'appeliez du doux nom de frère, et ce nom je vous le donnais à mon tour ; parce que seul il rendait l'union, sans mystère et sans réserve, qui mêlait nos âmes dans la joie et dans la peine.

Mon frère en Jésus-Christ, mon frère dans le sacerdoce, mon frère selon les lois si suaves de l'amitié ! recevez dans le séjour où vous habitez, dégagé des ombres de la terre, recevez l'expression publique et solennelle de mon respect et de mon affection.

Cette parole part de l'exil où je traînerai désormais, plus isolé encore, les lourdes chaînes de la vie ; et pour qu'elle franchisse sous les bénédictions célestes l'espace mystérieux qui nous sépare, je la dépose sur cet autel, où tant de fois nous avons fait descendre la divine victime, aux pieds de la Vierge qui a si souvent reçu nos communes supplications.

Non, je ne vous oublierai jamais ! Mon âme, toujours émue à votre souvenir, conservera religieusement le don sacré que vous lui avez fait, celui de vos exemples. Puissé-je, en m'en inspirant efficacement, me préparer comme vous l'avez été, à franchir avec sécurité les seuils de l'éternelle patrie.

Quand sera-ce ? — Bientôt peut-être ! — Quand que ce soit, nous nous reverrons, mon frère ! — Adieu !

Vierge sainte, mère des indicibles douleurs, laissez

passer par votre cœur si tendre, si miséricordieux, cet élan de notre âme, ce soupir de notre douleur, cet accent de notre piété.

Pie Jesu, Domine, dona ei requiem sempiternam.

AMEN.

www.ingramcontent.com/pod-product-compliance
Lightning Source LLC
Chambersburg PA
CBHW060551050426
42451CB00011B/1858